嘉靖以來內閣首輔傳卷之七

吳郡王世貞元美著

張居正上 張四維附

張居正字叔大湖廣之江陵人也少頴敏絕倫十五爲諸生耴小而是時尚書顧璘撫楚行部而試其文奇之已得召見復大奇之曰此兒國器也遺以金錢爲膏油費明年舉於鄉謁謝璘解所繫犀帶以贈而曰爲若異時圍腰飾然當且玉不足久溷也自是又六年而登進士高第

改翰林院庶吉士是時爲嘉靖之丁未戊申間諸進士多談詩爲古文以西京開元相砥礪而居正獨夷然不屑也與人多默默潛求 國家典故與政務之要切者衷之而時時稱老易以爲能得其用諸老先生如徐階輩皆器重其人相推許遂得授編修尋以妻喪請急歸亡何還職居正爲人頎而秀眉目美鬚髯幾至腹沈深有城府莫能測也時嚴嵩爲首輔而忌徐階諸善階者皆避匿而居正行意自如嘗考會試而

其門生自喜客於嵩能得嵩意居正衆斥之曰
李樹不代桃僵耶亟去毋辱吾門衆稍莊憚之
而有天幸毋爲嵩耳目者嵩顧亦稱居正久之
遷右春坊右中允領國子司業事居正待諸生
嚴亡所寬假而獨與祭酒高拱善相期以相業
尋還理坊事遂以選侍　裕邸講讀王頗賢之
邸中中貴人亦無不賢居正者而李芳數從問
書義頗及天下事尋進右諭德兼侍讀預校永
樂大典復預修興都志始解　裕邸講進翰林

院侍讀學士領院事時階代嚴嵩首輔盡以志
事委居正而其所具稾草輙爲輔臣袁煒所削
及煒卒階乃復從居正草進於　上　上意不
懌亡遷賞然中外目屬居正謂必大用矣　世
宗崩階草遺詔頗引以共謀事具階傳居正尋
遷禮部右侍郎兼翰林院學士月餘與　裕邸
故講臣陳以勤俱入閣而居正爲吏部右侍郎
兼東閣大學士尋充　世宗實錄總裁經筵開
爲同知經筵事至秋進禮部尚書兼武英殿大

學士亡何加少保兼太子太保去學士之五品僅歲餘而至一品其登進之速雖張桂不能過也時年僅四十三當居正之進閣閣臣凡七人徐階最爲老宿與李春芳皆好折節禮士郭朴陳以勤皆重厚長者獨高拱狠躁而以不得志於言路稍絀尋引去居正最後拜獨謂輔相體當尊重於朝堂倨見九卿他亦無所延納而間出一語輒中的人以是愈畏憚之重於他相矣徐階既去位而春芳代居正意狎視之以爲不

足與有爲而大學士趙貞吉入其位居居正下然自負長輩而材間呼居正張子有所語朝事則曰唉非而少年輩所解居正內恨不復答而與中貴人李芳輩謀召用高拱俾領吏部訐以扼貞吉而奪春芳政拱至益與居正善當是時

天子頗好游而重武居正　上疏言六事其一曰簡議論謂　朝廷之間議論太多或一事而甲可乙否或二人而朝由暮跖或前後背馳或毀譽矛盾是非淆乎唇吻用舍決於愛憎政

多紛更事鮮統紀大抵事無全利亦無全害有
所長亦有所短要在權利害之多寡酌長短之
輕重斷而行之信而任之二曰振紀綱謂近年
以來紀綱不肅法度不行上下務爲姑息百事
悉從委徇以模稜兩可爲調停以委曲遷就爲
善處刑法之加惟在微賤庶人之議反重　朝
廷賈誼所謂踧盩者欲　上攬乾綱張紀法法
所當加雖貴近不宥事有所枉雖疎賤必伸三
曰重詔令謂　天子之號令譬之風霆若風不

能動而霆不能擊則乾坤之用息造化之機滯
欲部院覆奏數日即報不得諉之撫按行撫按
議處者嚴令期限不得延緩停閣四曰覈名實
謂今用人者稱人之才不必試之以事任之以
事不必更考其成至於僨事之時又未必明正
其罪椎魯少文者無用而見譏大言無當者虛
聲而竊譽倜儻伉直者忤時而難合脂韋逢迎
者巧宦而易容或以卑微見忽或以名高見崇
或用一善而借資終身或因一疵而取病衆口

官不久任事不責成更調太繁遷轉太驟資格
太拘毀譽太易欲以嚴考課審名實責之吏部
官各久任毋遽遷轉五曰固邦本謂近以錙賦
至半國用不足邊費重大內帑空乏分道檢括
庫藏盡掃以致水旱災傷坐視而不能賑用兵
供餉首出而不能支欲 上停免一切不急工
程無益徵辦精擇守令講求出納其分道之使
一切取回六曰飭武備則欲 上修 祖宗大
閱故事張皇六師躬賜校肄旌別技勇汰易老

弱疏上褒諭下部院議行於是各推演疏指事
別爲演多至十餘條以媚居正而所謂大閱者
上意果爲動令所司擇日行矣大閱費不貲時
方詘而給事中駱問禮頗言其非急居正亦覺
之乃復上疏請停止 上不允居正以善筆札
諸公有密勿疏草多委之如救給事中石星御
史詹仰庇停取戸部金三十萬請 皇太子出
閣講學其草皆自居正而同列李春芳陳以勤
趙貞吉殷士儋之見逐雖發之自高拱而其機

皆出居正居正故所獨厚者司禮中貴李芳芳一日言官有忤　旨而當懲者春芳顧而曰當何處居正遽曰不過示責而貸之耳春芳具如居正語而俄頃居正以片紙使小吏投芳曰此人狂妄即　上貸之恐有繼言者須謫罰而後可芳請於　上改停三月俸而春芳後詗得之心恨居正而不敢發尋李芳以强諫失　上意秋錮之獄而居正小屈後諸公去且盡獨居正與高拱在兩人相得益密會北虜請入貢通互市

亦惟居正贊之初以滿三載加柱國進太子太傅再以六年滿加少傅吏部尚書建極殿大學士兼支大學士俸遼東戰功加太子太師和市成加少師餘如故嚮者少師階居正故受業知已也其去由張齊之爲拱而修怯然居正實言之李芳謂階久倦宦以是致報許既許而心愧之階既去然約束其三子事居正謹而拱銜階甚必欲殺之嗾言路追論階不已而使其所讐誣飾其諸子罪下撫按置獄事益急階求救於

居正居正從容爲拱言階一旦叵測公負薄舊僚名拱稍心動而居正頗復爲撫按居間業稍緩而拱之客乃搆於拱謂居正納階子三萬金賄不足信也拱無子而居正多子一日戲謂居正造物者胡不均而公獨多子也居正曰多子多費甚爲衣食憂拱忽正色曰公有徐氏三萬金何憂衣食也居正色變指天而誓辭甚苦拱徐曰外人言之我何知以故兩自疑而拱之客謂閒可乘也日稍稍以居正過聞拱而都給事

中宋之韓遂具疏且論居正草成而居正知之亟見拱而盛氣言曰公不念香火盟而忍逐我耶拱錯愕出不意曰誰敢論公者居正曰公之門人宋之韓已具草矣拱曰亟呼而止之居正曰公發之安能止之拱曰請出之外以明我心晨入部以其省叅政補之韓而其疑居正益甚拱又前後薦其所善中貴人陳洪孟沖柄司禮而抑馮保時尚寳卿劉奮庸疏摘時政數事語侵拱而給事中曹大埜則極論拱諸大罪居正

爲擬 旨諭大埜於外奮庸亦坐謫或云居正
實使之或云獨大埜受之馮保莫能明也 上
一日甫視朝忽馳而下且躓於陛閒第云國有
長君社稷之福語且不了了居正與拱趨而掖
之起還宮即不豫者月餘矣羣臣日詣 閤問
安而 上方臥蹶然與肩輿至內閣居正與拱
驚出俯伏 上擿之起而持拱臂仰天氣逆結
久之始云 祖宗法壞且盡奈何亦復不了了
而持拱袂步且至乾清宮門始復謂第還閣別
有諭明日寂然而居正察知 上色若黃葉而
骨立神朽慮有叵測爲處分十餘條札而封之
使小吏持以投馮保即有報拱者急使吏跡之
則已入矣拱亦不知爲何語第恚甚至閣面詰
居正曰昨密封之謂何天下事不以屬我曹而
屬之內豎何也居正面發赤不能答乾笑而已
徐而曰吾日與飲食通公安能一切瞰我拱淺
謂實然不復置臆而 上崩拱與居正懽然具
遺詔草拱復自具草以聞凡數事皆欲斂司

禮權歸內閣馮保聞之意不善也　上方諒闇
拱有請必報可以爲能得　上心而嫉所善言
官四五人列疏論保謂必下拱即擬　旨逐之
而使其心腹韓楫報居正行且建不世功與公
共之居正陽笑曰去此閹若腐鼠耳即功胡不
世也而陰使人馳報保得預爲備而逐拱語見
拱傳居正既代拱首即請還楊博吏部頃之
上御平臺召居正面諭曰　父皇昔在御日常
一再聆德音謂先生忠而高拱邪先生幸自愛

悉心見輔因賜居正金幣及繡蟒斗牛服居正
頓首泣謝謂今　國家要務唯在遵守　祖宗
舊制不必紛紛更改至於講學親賢愛民節用
又君道所先乞　聖明留意　上曰善亡何復
賜居正白玉帶自是賜賚繁渥無虛日矣時
上幼冲虛已委居正居正既得國亦慨然以天
下爲已任中外想望丰采既已大計廷臣於拱
私黨多所屛斥而他不職者亦稱是復具　詔
草請於　上召羣臣廷飭之謂近歲以來士習

澆漓官箴刓缺鑽窺竇隙巧媒蹶取鼓煽朋黨
公事擠排詆老成廉退爲無用誇譏佞便捷爲
有才愛憎橫生恩讐交錯遂使　朝廷威福之
柄徒爲人臣酬報之資是用去其太甚薄示懲
戒餘加曲賜矜原與之更始書不云乎無偏無
黨王道蕩蕩無黨無偏王道平平朕方嘉與臣
民會歸皇極諸臣亦宜痛湔宿垢共襄王道自
今以後其尚精白乃心恪恭乃職毋懷私以罔
上毋持祿以養交毋依阿溴涊以隨時毋尊沓

翕訿以亂政任輔弼者毋昵淫朋以塞公正之
路典詮衡者毋作好惡以開邪枉之門有官守
者宜分猷念以濟艱難有言責者宜竭讜直以
資聽納大臣當崇養德望有正色立朝之風小
臣當砥礪廉隅有退食自公之節若或沉溺故
常堅守途轍以　朝廷爲必可背以法紀爲必
可干則　祖宗憲典甚嚴朕不敢赦　詔下百
僚頗惕然而是時　上當崇崇　兩宮故事
天子非嫡生而尊　皇后稱　皇太后若生母

亦稱　皇太后則別徽號於　皇后以別之馮
保欲媚　上生母李貴妃乃風居正以並尊居
正不敢違於是下議尊　皇后曰仁聖皇太后
皇貴妃曰慈聖皇太后而兩宮不復別矣
慈聖徙居乾清撫視　上主持國秉而倚馮保
爲重又與保俱德居正中外大柄悉以委之而
居正亦自淬厲亡所受狥經筵開爲知經筵事
修　世廟實錄爲總裁尋加左柱國進兼中極
殿大學士寻一子尚寶司丞上疏三辭不許而

賜白金百兩文幣四有副繡蟒衣一襲復力辭
前命乃許之下　璽書褒諭以風示百僚居正
之爲政大約以尊　主權課吏實信賞罰一號
令萬里之外朝下而夕奉行如疾雷迅風無所
不披靡乃媮快於志居恒謂　高皇帝眞得聖
之威者也　世宗能識其意是以高坐　法宮
之中朝委裘而天下不亂以太阿不下授也
今上　世宗孫也奈何不使之法　祖時黔國
公朝弼數犯法當逮而　朝議皆難之以爲朝

彌綱紀之卒且萬人不易逮逮恐失諸夷心居
正擢用其子而馳單使縛之卒不敢動旣至請
於　上貸其死而錮之南京人以爲快漕河通
居正以歲賦往往迂緩逾春而後發卽水横溢
非決則涸乃采漕臣議督艘卒以孟冬月兑運
及歲初而畢發發少懼水患其始農頗不便之
久而習以爲常太倉粟至支十年歲與虜互市
饒馬則減太僕種馬而多令民以其價納民旣
樂於不擾價以時上太僕金亦積至四百餘萬

又爲考成法以責吏治前是六部都察院有覆
奏而行撫按勘者度事之不易行或有所按覈
或兩訐當質成者其人各以私軋則稽故之至
數十年而不決遂廢寢居正下所司以大小緩
急爲期限行之誤者抵罪自是一切不敢飾非
政體稍肅而漸有不便於居正者矣尋以六載
滿加特進中極殿大學士賜白金綵繡寶鈔羊
酒加等居正有子曰懋修與其孽弟居謙俱試
於湖廣得中式懋修僅能成文蓋主司有庇之

者人以爲居正不與也而至會試不第居正斷
斷修怨其主者人漸識其意而是時吏部尚書
楊博病免當代 廷議以左都御史葛守禮工
部尚書朱衡南京工部尚書張瀚推衡自謂官
宮保當前叙而又素善事居正頗以驕於公卿
間居正聞而厭之然亦惡守禮戇不能骫骳如
意故特拔用瀚瀚實望最凡薄其預推也衆固
已怪之自是忽見拔擧朝大駭益相率趣事居
正矣始內閣臣高儀不久卒居正以呂調陽弱

薦代之調陽與居正行同而年差長然秩尚卑
居正引之數加恩至保傅調陽雖不敢有所持
諍然內不甚附之居正事取獨斷亦不復諮訪
嘗病假一日而遽入取調陽擬 旨皆更定曰
如此何以示遠近部院大臣緣居正指益易調
陽甚或故抑絀其鄉人及親厚者以見公調陽
惟仰屋歎詫而已 上以師臣待居正凡所下
御札皆不名稱先生或稱元輔有二白燕育
於翰林院白蓮雙蔕者三居正以爲瑞進之

上不自有歸德於居正而居正父母皆老壽無恙　上嘗出蟒繡金髻裝重綵以手書慰諭賜焉居正故宴無居第乃大買地於江陵城使緹騎百夫長龐某者假干⿸厂⿰阝又　顯陵之便而爲督治舍宇甫建而馮保言於　上名其堂曰純忠左曰社稷之臣右曰股肱之佐名其樓曰捧日又爲儷語以正氣萬世休光百年美之皆　御筆大書而出內帑白金千兩爲資費於是全楚之臺使者監司郡守皆有賄已環楚而爲臺使者監司亦如之凡三載而就費直將二十萬自居正帑者不能十之一矣　西都之小閹醉辱一給事中其長巳執而榜笞數日且請　旨繫治矣而他給事中爭上疏請究閹其語激居正取其尤激者趙參魯謫之外而謂其欺幼主不道意以悅馮保也保故以德居正居正稍稍說其裁抑中貴人毋與六曹事毋輕銜命出使即使而緹騎尾而陰詗其短惴惴畢事幸不見擿罰以是怨居正而不歸心保居正念御史在外

驕往往凌摭臣出其上痛欲折之一事小不合
詬責隨下又敕其長加考察以故御史給事雖
畏居正然中多不平而伉勁喜事者出南京戶
科給事中余懋學疏請行寬大之政居正以為
風已奪其職為庶人而御史傅應禎繼言之尤
切然不敢有所侵於居正也居正以經筵入進講
畢訴於　上謂此曹子欲市　國恩收召朋黨
以便奸縱私至下錦衣逮杖而戍之瀕海給事
中徐貞明等坐就獄視且橐饘亦逮謫外御史

劉臺居正所取士也由刑部郎改居正擬以為
德而臺居頗近數刺得其陰事而惡之俄出按
遼東遼東捷御史不當報而臺誤報居正以故
事裁斥臺臺益惡居正且分不得免遂伉章極
論其驕橫十餘事居正怒甚見　上俯伏而泣
不肯起　上為下御座以手掖之而曰先生起
吾為逮臺竟其獄以慰先生臺至下詔獄　上
命內閣杖之百而遠戍之時物議頗觭釗居正
不自安乃陽具疏為解得不杖而奪職還里客

有賀居正者曰公眞宰相度哉居正、蹙額曰不
過宋宰相專耳古人殆不然盖以輕處爲未慊
也亡何吏部左侍郎翰林院學士掌詹事張四
維進禮部尚書文淵閣大學士入內閣故事入
內閣者曰同其人等辦事至是直曰隨着元輔
居正等辦事不欲夷之僚佐也於是四維恂恂
若屬吏矣

張四維

張四維字子維山西平陽之蒲州人少於居正

一歲舉進士改翰林院庶吉士授編修以久次
爲右春坊右中允充經筵日講進右諭徳、兼侍
讀四維北人粗讀書自負能文章而實心所通
會頗有幹用才於尚書博爲鄉後進而尚書王
崇古其舅也二人皆久任邊事以故四維亦頗
習之最爲輔臣高拱所器重遂超爲翰林院學
士復超爲吏部右侍郎兼學士如故轉左侍郎
崇古時總督宣大俺答求入貢互市崇古以請
於拱而四維交關其間事頗有緒拱益器之而

是時殷士儋長吏部加太子太保矣又 上裕
邸時與拱先後講臣也而拱欲拔四維前士儋
而入閣士儋不獲已則以中貴人陳洪援取
中旨得大拜以是心怨拱而忌四維四維猶干
進不已其父監鹽長蘆累貲數十百萬而崇古
鹽在河東相與擅二方利按河東者御史郜永
春怒二家之横上疏論劾崇古四維 詔勿論
而士儋謂四維有號可傾也四維復疑士儋之
使之以是兩相搆而給事中韓楫拱客而於四

維有鄉曲舊復指擿士儋士儋以是益怨拱與
四維而卒不勝竟罷去有爲士儋不平者復緣
永春疏指劾四維四維意不懌引疾請告歸未
幾而拱復念之以修實錄副總裁召同尚書高
儀掌詹事府將出而拱敗復引疾予告四維既
饒於財歲時候居正不絕而 慈聖太后之父
武清伯偉故籍山西得四維重賂爲之白 太
后召掌詹事府時呂調陽樸而老病數求去不
能當居正意而四維頗精悍其督視修實錄功

踰於昔雖其出不盡由居正非其所惡也旣入
內閣事推居正居正雅亦相狎尋實錄成調陽
加少傅太子太傅而四維亦加太子太保矣居
正加左柱國支尚書俸顧再疏辭 上謂實錄
國家最大典且一句一字孰非出先生筆者而
何獨辭居正復疏言一句一字果出臣筆第此
臣子常分何足言功而邇年以來人臣苟効微
勞輒萌非分之想小有不酬則深獨賢之怨臣
實恥之故不敢苟就冀以少勵此輩 上始允

其辭焉 溫諭自餘言須示史館諸拜 恩者
皆不樂而是時少詹事王錫爵遷詹事亦上疏
辭不許居正以錫爵官不及辭而辭者當有激
也意銜之錫爵侃侃自若尋禮部舉會試而次
子嗣修與呂調陽之子興周皆中式居正等以
嫌請避不允於是假其柄於四維而使所知以
嗣修卷上之四維已次名二甲第一矣旣進御
上啓姓名則拔嗣修一甲第二人而召居正
謂曰無以報先生功貴先生之子孫以少報耳

居正叩首謝出語於人冀塞言者口而劉臺言
漸驗虜款塞久不爲中國害獨小王子之部十
餘萬衆東北直遼左以不獲通互市數入寇然
其人少弱非久即退而總兵李成梁勇悍善戰
數拒却之東直者泰寧福餘女直諸屬國夷好
侵盜爲不利成梁伺賊入輒刼其後營鹵殺老
弱焚掠輜重又以春中帥精騎掩之賊屋居不
便移徙斬首鹵生歲以千計居正張皇其捷
天子數褒美加恩輔臣居正多辭不受僅受賞

而成梁至僭五等爵位三公而兩廣之破山賊
者督撫殷正茂凌雲翼所鹵斬尤多至數萬其
爵賞亞遼左　天子謂居正運籌功多居正益
重戚繼光者亦東南良將也既移鎮薊門多挾
南兵從而北人嫉之繼光懼而是時兵部尚書
譚綸與繼光以財通綸軰御女術頗用于居正
居正試之驗則益厚綸以示款繼光乃時時購
千金姬進之居正且他所擘畫多得居正意以
是專與之權諸督撫大臣唯繼光所擇欲爲不

利繼光者卽爲之徙去之而成梁與二廣之賂
亦接踵至居正不能却也居正性整潔好鮮麗
日必易一衣氷紈霞綺尚方所不逮時錦衣大
帥朱希孝所畜名書畫甚富且死哀其精絕者
以識別居正旣露之於是日有進以博一解顏
然尚不能當嚴氏之十二而他珍奇瑰異稍浮
之矣居正天質刻薄好申韓法以智術馭下而
士大夫之憸黠者爭欲投其意張瀚以久任之
說進然僅能行之藩臬守令而不能行之給事

御史吏部屬譚綸用給事中楊言以罷驛遞之
說進則兩都大臣諸方面之任咸倣民舟車就
旅店食與貨商賈無別而其屬以公使行則馳
驛呵殿道路不勝其陵替而遠宦者雖貴不任
行矣省冗官則郎署多長僚而待補者纍纍無
罪而褫祿矣淸庠序則大邑之挾經試者千
餘人而獲隷學官者僅百之一貧書生改業而
賈矣皆覩以爲名美而奉行之人卒不能堅久
以故見害而不見利然仕路爲少淸費亦減十

三四承平久姦盜蜎起至深入城市剽府庫以去有司秘之莫敢發居正特嚴其禁匿弗舉者雖循吏亦必黜得盜即報斬決以是有司莫敢飾情盜賊畏死爲衰減而亦多倉卒不審者例盜邊海錢米盈數皆斬首示衆然往往取長繫不能完至庾死居正獨亟斬之而追補其家屬文吏不習見 祖宗制創聞以爲駭而不便者相率而爲怨讟居正奮然身任之不恤也又以糧運阻喜進者議通海運然不能得故將舟子

長年而且謂山島多崖崿能觸舟於是膠州一大僚謂有膠河故道自海入壽穿萊而出可以避之其意欲通故河以利其鄉邑而大僚之上佐久滯淫不獲登入座和而請從事焉居正大喜命以侍郎兼憲職發青登萊三郡夫數萬人鑿之然河之中道高下不能達稍深則岸立頹迂道而其下多石費十餘萬金卒不可復而大僚之鄉人未見利不勝調發相與逐而譟之乃中寢然居正竟不罪此兩人而用之其自用類

如此　世宗朝士大夫之言祥瑞者居正輒額
而醜之其秉政乃獨好飾祥瑞以上下兩蠱媚
言及災異則怒而見辭色於是一切爲蒙蔽滿
九載不上考請罷　溫旨慰諭如例賜白金麟
繡御膳肥羜上尊外復加賜白金二百兩坐蟒
衣一襲綵幣八有副坐蟒者禁服也惟司禮首
璫　上所憑倚間得之而居正凡三被錫吏部
具故事上進左柱國太傅予一子尚寶司丞
璽書褒美給四代誥命賜宴吏部凡三辭不允

最後辭太傅而已　上時行大婚禮斂髮用幘
欲加恩居正疏辭仍賜白金百兩綵幣八有副
調陽等賜各有差　慈聖去乾清宮將返慈寧
敕諭居正謂我不能視　皇帝朝夕恐不若前
者之向學勤政有累　聖德先生親受　先帝
付托有師保之責與諸臣異其爲我朝夕納誨
以輔台德用終　先帝憑几之誼社稷蒼生永
有賴焉因賚坐蟒衣各一襲白金二百兩綵
幣八有副居正侈之外光動朝野尋馮保之賚

與托寄約畧埒是而亡何其父封少師文明卒
同列以聞　上遣司禮中貴人慰問趣止視粥
藥止哭絡繹道路　三宮賻贈白金共一千五
百兩鈔萬貫彩幣三十皆有副白粲六十石麻
布百五十疋香油薪炭稱是　上加恩居正雖
踰於他相數十倍然未嘗有意畱之而居正出
錯愕無專見而最厚者同年戶部侍郎李幼孜
等倡諛辭謂　上冲年不能親萬機不可一日
無相公何忍舍而遠去遂以奪情之說進而居

正惑矣故事首輔去位之三日則次輔遷坐左
而翰林諸僚吏衣緋以謁至是諸僚吏皆衣緋
入謁陽椎不能識物情雖不遷坐左而不先期
止其僚入揖有報居正者謂翰林皆衣緋抵閣
矣居正恚謂我尚在而不復少顧忌我即一旦
出春明門何望更入乃陽上書請乞守制而露
意馮保使固畱之時有識者皆以爲非然而不
敢言之朝而王錫爵與其僚張位趙志皐吳中
行趙用賢習孔教沈懋學輩皆以爲不可懋學

移書李幼孜責使諫止且責給事御史不言幼
孜唯唯而已而世之居正居正怒甚　上遣吏
部尚書張瀚慰留居正宣　旨畢瀚在吏部其
事居正無不茅靡且以汗濫數爲言官所擿藉
居正以安然不敢以居正奪情爲是而左都御
史陳瓚北人也倡六部請留居正禮部馬自强
頗持之未上而居正恚則請於　上謂瀚昏耄
勅令致仕矣御史曾士楚等遂上章請留居正
吏科陳三謨故居正客也而迫於同事者小遲

聞居正之怒之因蒲伏謁居正涕泣求解俄而
疏亦上矣用賢不能平約中行具疏請劾居正
歸除服而後用之然其辭緩而刑部員外郎艾
穆主事沈思孝繼之則稍峻且傍刺譏居正他
事疏上留中不出馮保蓋欲取居正指而居正
恚怒不知所爲將擬加重辟於是王錫爵乃往
質居正於喪所辭頗峻居正勃窣且拜且曰
上强留我而諸子力逐我我何以處使有尺刃
在我且自剄矣錫爵辭不可已而居正揖之出

則進士鄒元標者復上章至極言居正以元宰
而首戮大倫何以帥表天下且其人非能以仁
義輔 人主不過智力把持耳用之何所利前
是 上已下 旨廷杖穆思孝八十謫遠戍用
賢中行六十爲編氓而元標袖疏草入左掖門
覩諸臣宛轉血肉中不爲懾疏上而中外壯之
得 旨杖戍如穆思孝皆瀕絕而蘇時彗星從
東南方起長亘天無所不掃人情洶洶久不曉
有奪情事事創起而諸言者皆得罪以爲居正

實應之街議巷擿至作謗書懸之兩長安通道
謂居正且反居正不得已乃草詔戒勵羣臣諭
所以畱居正而罪言者意再及之必誅無赦馮
保爲請於 上宣之朝諭稍息於是使居正子
編修嗣修與司禮大璫魏朝持傳往代司喪而
禮部主事曹誥拜爲治祭工部主事徐應聘治
喪居正請不造 朝而以青衣素服角帶入閣
理政及侍經筵講讀又請辭歲俸 上許之而
日給酒饌二席月給白粲十石香油百斤燭二

百枝茶三十斤鹽百斤薪炭稱是計直踰於俸賜矣始居正自矯飾雖不能無任情而英敏善斷捭闔揮霍庶幾以爲有魏相姚元之風而其客面諛之謂漢唐所未覩見至相率而有伊周之日居正亦雅自負不世出爲劉臺等所摘志意漸恍惚而至是始知天下之不見與思以威權刼之益無所顧忌居正謂羅倫小豎子何所知其書當投廁中蓋先朝成化前朝臣稍有事寄者無所不奪情自閣臣李賢奪而羅倫以修

撰疏非之其言雖不行而嗣後人稍自知愛非兵革無有言奪者矣居正之聞喪薦紳先生傳錄倫疏紙幾貴居正知之以故追恨倫而亡何

上且舉大婚禮故事諸授冊遣聘皆勳臣主之而首輔爲副使居正以有服不當與　慈聖亦疑之而使中貴人間居正恐難於易吉居正黜其事乃曰后爲天下母國之大事孰有重者且居正受　上恩厚卽令之赴湯火不辭而靳卽暫時吉乎於是居正遂被紫橫玉以從事凡

十餘日初給事中李淶疏謂使居正不服吉不
可以將禮將禮而服吉恐非　上所以處居正
與居正所以自處夫吉禮非金革比也閣部大
臣皆可使不止一居正也　上苟惜居正幸吏
之居正雖甚惡淶以其辭直姑切責而付吏部
處淶尋補按察僉事出矣錫爵意憤憤請以省
覲告人謂相君不有父而君故省父以形若短
且君何以責相君深乎錫爵曰吾自知父不知
有相君且相君之自爲情而自奪之夫　上奪

之可也今乃徼　太后中貴人以要　上即如
所請不入朝不衣錦可也而今且衣錦而從吉
即從吉吾意其額之有泚而顧揚揚自誇詡謂
人何幸躬逢其盛於是竟請告以歸故事大婚
禮成閣臣第有賞而無遷拜居正知馮保諸中
貴之欲得之思以爲恩市而身力辭之以釣奇
乃擬呂調陽進建極殿大學士兼支尚書俸張
四維加少保兼武英殿大學士仍各錄一子中
書舍人而馮保等皆加秩廕叙矣　上果謂居

正讓而有禮賜　璽書襃諭累百餘言命吏部
吏部俟服除而援　旨以請已報遼東捷賜居
正白金百兩綵幣八有副先是　上所賜札稱
元輔或稱先生而不名稱先生者獨　孝廟然
面諭則有之不以施筆札至是始兼稱元輔張
少師先生且待以師禮而居正有奏謝亦自負
以爲帝者師且引贊拜不名之禮隱然兼蕭何
子房而有之人謂居正傲於　上而畀於馮保
卽陳鶱所不論也居正見人情已定乃始乞歸

葬其父再疏始允使尚寳司少卿鄭欽錦衣衛
指揮僉事史繼書護歸以三月爲期葬畢卽上
道仍命撫按諸臣先期馳賜　璽書敦諭範白
金爲印記曰帝賚忠良以賜之如先朝楊士奇
張孚敬例得密封言事仍戒內閣臣調陽等有
大事毋得專決仍馳驛之江陵聽先　生處分
人謂古稱伴食同事則有之未有伴食於三千
里外者以調陽四維當拂衣而調陽獨怏怏不
樂然未能果也始居正念以閣臣里居者高拱

在未能一日忘而殷士儋多左右奧援或能乘
閒以出謂徐階老易待擬薦之自代遣人布腹
心於階階諸子且信之而居正復自念階出而
居正被召還任名位固相等而階前輩受業師
不敢据其上乃請廣內閣員　詔即令居正推
乃疏推太子少保禮部尚書馬自强吏部右侍
郎兼侍讀學士申時行而時行已加太子賓客
忘不入銜且謂自强資深當加太子太保文淵
閣大學士時行稍淺當以左侍郎兼東閣大學

士　詔如之其辭同張四維宮保一品階當
上自裁定即不爾亦當別具咨啓以請不應於
推疏定之靡弗欲自張大而輕自强等體自强
伉直數與居正左自分不敢望之人以居正是
舉稍不易云

嘉靖以來內閣首輔傳卷之七

嘉靖以來內閣首輔傳卷之八

吳郡王世貞元美著

張居正下 申時行附

申時行者字汝默蘇之吳縣人舉進士第一人爲翰林院脩撰祖從外家姓爲徐久而後復之時行美姿容秀目疎眉性温茂有體韻而不促陿能詩文善筆札見者無不親焉與同年王錫爵善行誼樹立相得也初以王父憂歸服除補故官久之副順天試事遷左春坊左中允兼編

脩選充經筵日講官進左春坊左諭德兼侍讀預修 世 穆兩朝實錄尋爲 穆廟副總裁進左庶子掌翰林院事 穆錄成進詹事府少詹事兼侍讀學士以久次轉詹事再遷禮部右侍郎改吏部兼學士 世錄成加太子賓客食二品俸時行素蘊藉不爲居正所忌由是得與四維並入閣居正當行 上及 兩宮賜道里費爲白金者合千三百兩綵幣十六有副既朝辭復請見於平臺 上撫諭之曰朕不能捨先

生恐重傷先生懷是以忍而允所請雖然國家事重朕將何所倚居正乃勸 上以大婚之後宜撙節愛養留心萬機因伏地而哭 上亦爲之哽咽墮淚爲居正奏辭 慈寧宮 皇太后復以銀八寶六十兩賜之所以慰諭有加出國門遣司禮中貴張宏供張郊外以餞百官皆班送於是所經由有司飭厨傳治道路然意居正奔喪或參用凶禮則飾白羅傘幔執事輿臺胥史之徒皆具素服以俟而居正以邊將所饋遺

兵器羅列禁衛千兵百騎前後部鼓吹光彩耀日於是復皇恐相率易緇絲一新復費不貲前是居正父初死巡撫都御史陳瑞癸丑所取士也馳至江陵乘幔輿以謁入門從者易白服畢解紗帽出麻冕於袖而戴之已復加經伏哭盡哀畢則請見太夫人太夫人不出跪於庭良久太夫人出復伏哭前謁致慰乃坐太夫人傍有小閹侍居正所私留以役者也太夫人睨而謂陳君幸一盼睞之瑞拱立揖閹曰陳瑞安能爲

公公重如公公乃能重陳瑞耳公公者中貴之
尊稱臧獲見而呼者也太夫人亦爲之啓顏至
是陳瑞已遷刑部右侍郎復與鄖陽都御史徐
學詩及司道守令會葬所以賻遺不可勝計光
彩傾遠邇時有同年御史于業者罷久矣而與
居正故善來會葬至墓所自詭工堪輿言密語
居正吾相地多毋踰於此者是且有天子氣居
正懼掩耳禮而趣之去既畢葬且還朝而兵備
憲臣與分守闗帥約請居正閱操用大帥禮居

正欣然許之改服　上所賜蟒繡以御禮成大
出其金帛勞使加等時遼東續奏大捷　上復
歸功居正使使馳諭俾定爵賞居正爲條列以
聞而大學士呂調陽內懇堅臥累疏乞休矣居
正疏以母老不能冒炎暑請俟秋涼而後上道
於是內閣兩都部院卿寺給事御史俱上章請
促居正亟還朝　上遣錦衣衛指揮翟汝敬馳
傳往迎爲日以俟汝敬陛辭錫之白金綵幣而
令中貴人侍太夫人以秋日取江路繇眞州上

汝敬至居正就道先具疏聞而撫按諸臣各馳
奏報　上皆有優旨而前是所經由藩臬守巡
迓而跪者十之五六居正意未慊檄使持庭參
吏部尚書禮至是無不長跪者臺使越階趨迎
畢即身爲前驅約束吏卒干陬飭廚傳居正所
坐步輦則眞定守錢普創以共奉者前爲重軒
後寢室以便偃息傍翼兩廡廡各一童子立而
左右侍爲揮箑炷香凡用卒三十二舁之始所
過州邑郵牙盤上食水陸過百品居正猶以爲

無下箸處而眞定守無錫人獨能爲吳饌居正
甘之曰吾行路至此僅得一飽餐此語聞於是
吳中之善爲庖者召募殆盡皆得善價以歸道
經襄王出候折簡要居正宴故事人臣雖貴極
公侯謁王執臣禮居正不欲執臣禮辭不入王
强而後可於是直入至便殿具賓主而出王者
之有北面自襄王與居正始也過南陽唐王亦
如之諸撫臣爭相競以異禮待居正而獨保定
之孟重爲甚雖同事者亦羞稱之居正入則孟

重以兵部侍郎起佐京營大帥矣居正既過良
鄉抵郊外　詔遣司禮中貴何進宴勞於眞空
寺口諭先生以午入即召見平臺以未入則質
明見而　兩宮亦各遣大璫李琦李用宣諭賜
八寶金釘川扇御膳餅果醪醴百僚復班迎以
次日質明入朝　上延之平臺慰勞懇篤且詢
以途路所見歲計物情與北虜衰敗之狀良久
乃予假十日而後入閣仍賜白金百兩綵幣六
有副新鈔三千貫雙羊上尊御膳因引見　兩

宮當居正之歸日而御史趙應元以候代襄陽
不及會葬既得代而中悔恐獲罪於居正上書
移病歸前是有　旨御史在外不得輕移病非
撫臣爲代請而移病者都察院糺察以聞然亦
視爲故常莫有舉行者而居正之門客僉都御
史王篆時佐院要脅其長陳炌使論應元時呂
調陽以疾在告不出而張四維等擬　旨特斥
應元爲民中外知其自咸懣懣而戶部員外郎
王用汲遂劾炌以非法陷應元阿附權臣應元

不當罷且謂星變而考察所懲抑者皆居正所
不言宜斥阶而留應元其辭峻　詔奪用汲官
亦爲民居正旣見用汲疏怒甚辨其事謂臣賦
性愚戇不能委曲狥人凡所指畫注施一槩之
法法所當加親故不宥才有可用疎遠不遺又
務綜覈名實搜剔隱姦摧抑浮競以是大不便
於小人而傾危躁進之士遊談失志之徒又從
而鼓煽其間相與慫慂擴㬋冒險鈞奇以覬幸
於後日爲攖取富貴之計蓄意積慮有間輒發

故向者劉臺爲專權之論今日用汲造阿附之
言夫專權阿附者人主之所深疑也日浸月潤
鑠金銷骨小則使臣冒大嫌而不自安大則使
臣中奇禍而不自保　明主左右旣無親信重
臣孤立於上然後呼朋引類藉勢秉權恣其所
欲爲紛更變亂不至於傾覆國家不已此孔子
所以惡利口大舜所以疾讒說也臣日夜念之
憂心悄悄故敢不避煩瀆一控之　聖明之前
遂以明告天下之人臣是顧命大臣義當以死

報國雖赴湯火皆所不避況於毀譽得喪之間
皇上不用臣則已必欲用臣臣必不能枉已
以狥人必不能違道以干譽臺省紀綱必欲振
肅 朝廷法令必欲奉行姦宄之人必不敢姑
息以撓三尺之公險躁之士必不敢引進以壞
國家之事如有揑造浮言欲以熒惑 上聽
紊亂 朝政者必奉 祖宗之法請於 皇上
而明正其罪此臣之所以報 先帝而忠於
皇上之職分也優 詔褒美居正累百餘言戒

飭言者然居正意欲速治用汲而以四維等輕
之遂厲色而待一語不接握筆縱横了無顧盼
咸捧手受成而已及秋而魏朝奉太夫人所經
由滸步皆設廗屋張緑幔徐州兵備副使林紹
至身雜挽船卒中爲之導護遠邇奔趨將抵京
上遣司禮中貴李佑郊迎與魏朝結騎隊鳴
鼓角列旌幟横穿 御道而過觀者如堵 上
復遣中貴人賜金纍絲珍珠青紅寶石首飾雜
色繡蟒帛羅凡四襲白金百兩而 兩宮之賜

尤有加所以慰諭居正母子幾用家人禮居正
乃亦廣製吳枚綺繡奇器寶玩以進　上及
慈寧宮所費頗鉅而錦衣緹帥劉守有史繼書
皆受役如奴客爲之收歛織作矣高拱之逐其
自出居正而有王大臣獄居正復與發而旋救
之拱既內恨刺骨而畏其權與文深又不能不
外示感居正始歸葬道新鄭拱已病若痱故爲
篤狀[illegible]居正撫之乃大哭謝謂往者幾死馮
璫手雖賴公活而璫意尚未已奈何居正笑曰

璫念不至此且有我在無憂也居正歸而拱意
其不即召使使賄太后父武清伯謀之武清伯
納其賄不得聞居正既入而知之詭讓良苦拱
既失賄而知其泄憂懣發疾死居正爲請於
上復其官予之祭葬之半而殷士儋歸歷城其
密感爲閣中椽與故　裕邸中貴人善謀乘居
正歸而用士儋居正復切責此椽怖而不能食
數日死馮保有所私門下筆札人徐爵居正爲
擢用之至錦衣指揮同知署南鎮撫又使其蒼

頭游七與結爲兄弟居正有所謀使游七入以
告徐爵爵以達馮保保有所謀亦如之或曰
上之獎慰居正 詔旨皆爵草也游七亦入貲
得官勛戚文武大臣至翰林給事御史多與還
往通姻好游七具衣冠報謁據上坐爲款宵飲
歡呼無間居正固與馮保通關然意忌聞張四
維之私結保也詗喝止之四維以是恨居正益
甚俺答入貢久而以兵西逼回夷使使之烏思
藏迎所謂國師鎮南堅者剏招提刹以居之鎮

南投書上居正乞賞而侑以大士像氆氇金剛
結居正疏聞且辭 上褒稱居正輔理勳猷宣
播遐邇戎狄咸賓朕得垂拱受成深用嘉悅敕
受之而別爲答賜時 上病疹愈御朝羣臣皆
廷賀而居正以持服不與復爲之御平臺以見
慰諭有加賜金幣御膳豭蒸上尊 上執手使
視顏色居正稱賀因勸 上愼服食戒色欲
上曰聖母日與朕偕動止 三宮俱未宣召居
正叩頭謝使還閣而後鳴鐘鼓見羣臣嘉靖末

徐階執政而李春芳在禮部患宗室日藩衍中外數萬人皆仰給縣官國土之入不足以供歲額相計議爲宗藩條例于封襲婚娶子女名數祿賜之屬苛爲之限至是居正條摘其間彼此矛盾前後牴牾或減削太苛或擬議不定或一事而或予或奪或一令而旋行旋止或事與理舛窒礙難行或法與情乖輕重失當者皆指實言之請下禮部會議入會典遵守報可居正于諸藩王賂却不受亦無敢以私干者而禮部尚

書潘晟于居正前輩顧謬爲恭謹其在留都卒九卿疏請亟迎居正入朝居正憐而用之而漸知其頗納賂爲藩王道地不悅也微風言者論去之而超用刑部左侍郎徐學謨學謨少亦工文章通曉吏事而其守荆州能爲民抗持景王侵占沙市至奏逮已兩遇劾歸居正俱力持起之田間自成弘後百餘年來禮部尚書必翰林擢嘉靖之初 上以席書言大禮當意由他曹特遷言路攻之十餘疏不止而學謨自刑部擢

士敢有出一語者而居正始所與姻家刑部尚書王之誥之誥自用兵事敭歷中外不盡由居正顯而又數與之爭論以養母歸其所善者郎同年侍郎李幼孜嘗爲郡守見辱于儒生居正爲左右之不十載而至八座居正復與之通姻遷工部尚書幼孜無他長以講學博士大夫名每見居正輒語移日多布腹心及廣樹朋黨援引所私而時一進逆耳語以示忠赤而他所爲奪情擅權事未嘗不開端引之出則傾身以交

伉直聲者謂吾力言之知相公不聽何殷正茂爲戶部尚書進大珠瑰寶天鵞罽以媚居正而得用居正轉以罽奉　慈寧爲坐褥或曰　上見之知其自居正而不善也幼孜與正茂爭寵而妬數嫉言路論之歸而王篆入吏部其見知愛甚于幼孜數爲居正言幼孜時時在外揚相公之愎諫而已力彌縫之冀爲異日地居正微伺得而惡之幼孜以疾在告居正授一札曰吾憊矣寡助之至親戚叛之奈何幼孜懼遂乞歸

居正弗留也而以曾省吾代領工部省吾居正所取士也爲人貪而巧媚小有文其撫四川而借軍典乾沒萬計入佐兵部以右都御史掌南院至是代幼孜而居正之門人梁夢龍自薊遼總督入爲兵部尚書其品在下中尤善媚吏部尚書王國光山西人與四維同鄉有連恐居正之疑之而纂從傍爲耳目于是六曹咸傾心事居正雖對妻子床第無不稱居正賢者其始士大夫之諛以伊周漸謂爲常談不能得居正色則進爲五臣又有以稷契皐陶不爲重則直進之舜禹而居正亦恬然不以爲駭怪至中允高啓愚之試士遂以舜禹命題非必有他意也而諸當事者紛紛目啓愚勸進矣時　上漸備六宮太倉所儲金錢多所宣進居正乃因戶部進
御覽數目而陳之謂每歲入額皆在其內錙銖畢盡今萬曆五年歲入四百三十五萬九千四百兩而六年所入僅三百五十五萬九千八百餘金則已少八十餘萬金矣五年歲出三百

四十九萬四千二百餘金而六年所出乃至三
百八十八萬八千四百餘金則已多四十萬餘
金質之該部云因諸省請留蠲免之不時追贓
人犯財產之已盡奉 旨取用之屢下是以入
數減而出數溢也因甚憂其不可繼而請 上
置之坐隅時賜省覽量入爲出罷節浮費疏上
留中 上復傳旨工部買錢應用居正亦以利
不勝費止之時言官請停蘇松織造不聽居正
面爲宛曲以請得損數之太半復請停修武英

殿工及裁省外戚遷官恩數 上多曲從之一
日 上御文華殿居正侍講讀畢而以給事中
所上災傷疏聞因謂鳳陽及江南諸郡屢無歲
而徐宿之間民至屑榆皮爲粥不早賑之則相
聚爲盜賑之不可緩 上曰惟先生所處居正
復奏 上至仁愛民如子凡請蠲請賑無不賜
允而在外諸司往往營私背公剝民罔 上非
惟不體 皇上子惠困窮之德意且不知臣等
所以贊 皇上之愚忠殊可恨也今給事疏云

報災則曰不敢報云請蠲則曰不敢請有何不
敢報與請而推調支吾歸怨 君上即積穀一
事屢奏 旨申飭竟成虛文彼皆有自理贓贖
未嘗佐公家之急則將憲臣等不勝憤懣竊
以為此輩若遇 聖祖不知當處以何法 上
怒曰審爾何不重處之居正拜頜 命乃又曰
邇年王賦不虧府庫充實皆以考成法行徵解
不爽今江南北澇甚大河南風災畿輔亢旱將
來蠲賑恐不容已惟 皇上加意撙節于宮中

一切用度及服御可省者省之賞賚可裁者裁
之至于布施一事尤當禁止與其惠緇黃之流
以求福利孰若寬恤百姓全活億兆之命其功
德尤大 上曰然用度當從省即賞賚亦事
耳無所增加居正又曰大故事者邇年之所偶
行遂據以為口實非 祖宗故事也 世宗朝
用最不為節而宴賞之後尚餘百餘萬金今歲
之所進內帑者二十萬而隨取隨用常告乏者
故事必不爾也願 皇上留神 上首肯之于

是有蠲貸而督督責奉行者之旨肅如矣江南貴豪如華亭金壇上海各侍勢若奸滑巧避匿而不肯完賦者與瀉鹵蟹螺之民錯莫知所辨析居正聞而深恨之以是選擇大吏精悍者嚴行督責賦以時起而民不勝箠朴則相率而歸怨居正國家日益以富閭閻日益以貧然功與罪實相當時會居正服將除而　上宣召吏部問期日于是手敕元輔張少師先生忠孝兩全今制服已滿朕心嘉慰特賜白玉帶一圍大紅坐

蟒盤蟒各一襲金壺一把金臺盞一副用示眷念俾朔見後仍御平臺召對以後朝參經筵俱吉服如舊既對慰諭久之使中貴人張宏引見
慈慶宮于宮門叩頭　仁聖皇太后賜白金文幣尋見　慈寧宮禮如　慈慶而　慈聖皇太后慰獎尤至賜御膳九品金壺臺盞金箸白金綵幣鞾素甜食十二器酒十甑使張宏侍宴甫就職而吏部以大婚赦諭請特　詔元輔社稷重臣受　先帝顧托翊戴朕躬以及大婚册

成治理勲績茂著復加太傅增歲祿百石先錄錦衣千戸簡修爲指揮僉事于南鎭撫理事居正復辭太傅而受其餘尋吏部復舉居正守制歲月爲之請十二年滿加恩復再辭　詔復加慰諭凡百餘言謂卿之所處恩義兩盡足以垂範萬世特允所請以全忠孝大節至于卿之勛勞簡在朕心當別有酬眷時復當會試大學士申時行與學士許國爲主司而居正二子懋修敬修與四維之子泰徵皆中式矣居正扈　上

謁諸陵歸卽具疏乞休中云拜手稽首歸政則隱然復于明辟凡再上而　天子慰留懇切最後手書稱　慈聖口諭張先生親受　先帝付托豈忍言去俟輔爾歲至三十而後商處先生毋復與此念居正乃出而懋修卽狀元及第矣敬修亦在前列而泰徵次之皆得禮部主事而皆邑邑不樂人爲之語首甲幸有三人云胡斬此二子而懋修與嗣修共列史官每出則衆相指而詛或作俚諺書而粘之宫墻門下客至引

以相告輒得外補王篆與曾省吾益横南北給
事御史則傳作舟王蔚秦燿李選朱璉顧爾行
爲之爪牙而作舟璉尤恣肆選鄙無耻人所羞
而不道者而南京兵部主事趙世卿抗章言時
政不便數事皆隂以指譏居正之操切居正怒
欲譴之吏部尚書王國光爲畫策曰譴之是成
其名也且或以動 上聽其請爲公任其怨不
旬日出爲楚府左長史盖杜其遷轉地也又半
歲當大察屬南京吏部都察院去之時尚書何

寬與郎中李已比而併譴司業張位位特以居
正聞喪有所刺譏其望實益著以王篆屬不敢
抗李已素有直聲人爲之恨且惜居正聞位譴
亦不悦曰何至乃爾而是時抗居正者穆思孝
元標皆已遠戍督撫大臣故折挫之使不堪冀
以聞于居正取一快而王篆日夕侍居正知其
不釋意于劉臺臺之歸頗不理于鄉人口以是
乘間使其鄉御史賀一桂嗾怨家疏其盗邊銀
不法數事于是江西之巡撫王宗載巡按陳

下有司悉爲之證實而遼東巡按于景昌傅會之坐遠戍而繫追其贓金又繫其父子竭產以償不得則别以富人犯法者寛其罪使爲之償而後譴戍至嶺外無何飲于其戍主所歸而暴得疾以死或曰戍主有所受毒之也而是時王錫爵歸省久之不出其女得道仙去有所奉大士上眞俾錫爵與其友大理卿王世貞築室于城居之而女仙之蛻附焉錫爵屬世貞爲之傳語頗傳京師給事中牛維垣御史孫承南故甞

仕期以塞而櫝詗知其爲懋學友也使宗武捕
而引懋學且報居正欲自以爲功而居正意不
欲彰聞曰小竪子耳何足煩白簡王篆則貽書
宗武必令引懋學而宗武不可乃餓死其人于
獄而寢其事王篆思所以媚居正與尚書王國
光謀曰彼前後上疏戍斥者皆壬夫也而意未
嘗一日忘復用欲杜之則莫若中之考察之例
于是因大覲疏請錄諸戍斥者姓名于察吏後
而榜之示不收居正悅報可諸戍斥人皆非外

僚不當觀察而成者已重于察吏不當榜即榜
而異日安能以例杜其用也人謂居正敏識人
也而昏誖若此知其不久矣 上之初即位馮
保朝夕視起居擁護提抱差有力焉小所扞格
即以聞 慈聖而 慈聖素誨 上嚴切責之
甚苦且曰内廷可耳即使張先生聞之奈何于
是 上甚嚴重居正而馮保意自得所以事
上不能一切順 上漸長而厭之保内恃 太
后外挾居正待 上左右御暬殊苛峻小與
上狎輒牽下加笞責諸有財力可資藉監局多
持不與而與所私門下閣張大受輩使爲 上
耳目頗倚保勢藐 上左右如孫海客用則乾
淸宮之用事者孫德秀温泰司禮之叅佐周海
則兵仗之領局者也皆貴幸善爲媚而不甘保
之見淩 上頗好馳騎挽强擊劒豪飲至醉海
等以言激之 上怒甚睨視其側有二豎皆保
養子手劒殺之即騎而馳之保所呼而復欲殺
之保已知其事懼擁大石支門會 上醉已甚

扶歸熟寐至曉保亟趨詣　慈聖爲膚受語
慈聖怒且駭召　上跪而詰責之語不可聞
上哭謝罪則孫海客用誘我耳　慈聖乃使保
捕海用杖而逐之南京爲小火者發　孝陵種
菜而盡收乾清宮所蓄兵仗鑰之庫且使　上
手書詔自責諭內閣居正請于　上謂海用虛
之輕復削爲淨軍而又疏條海用與德秀泰及
周海罪惡請併逐之其司禮監中貴及內侍皆
敕令自陳　上裁去留因勸　上戒遊晏以重

起居專精神以廣衍嗣節賞賚以省浮費却珍
玩以端好尚親萬幾以明庶政勤講學以資治
理　上迫于　太后不得已皆報可于是左右
親信之爲狎而他失馮保意者所餘無幾矣居
正當　上初嘗纂古君人治亂之事而條治者
八十一亂者三十六以應陰陽之數繪而爲圖
以俗語解之使易曉至是復屬儒臣紀　高皇
帝及　列聖寶訓實錄分類而成書凡四十曰
創業艱難曰勵精圖治曰勤學曰敬天曰法祖

曰保民曰謹祭祀曰崇孝敬曰端好尚曰愼起居曰戒游佚曰正宮闈曰敎儲貳曰睦宗藩曰親賢臣曰去奸邪曰納諫曰理財曰守法曰儆戒曰務實曰正紀綱曰審官曰久任曰重守令曰馭近習曰待外戚曰重農曰興教化曰明賞罰曰信詔令曰謹名分曰裁貢獻曰愼賞賚曰敦節儉曰愼刑獄曰褒功德曰屛異端曰飭武備曰御夷狄其辭多懇切請以經筵之暇進講又請立起居注紀　上言動與朝內外事爲修史張本日用翰林臣四員入直應制詩文及備顧問　上皆優詔報許旋以滿十二載奏最　上爲召吏禮二部傳諭元輔居正受　先帝顧命夙夜在公任事任怨雖稱十二年滿實在閣十五年忠勛異常恩典宜厚尋使司禮中貴張誠賜白金三百兩綵幣四十皆有副坐蟒盤蟒各一襲酒六十瓶鈔十萬貫饌羞五卓羊豕鵞雞餳蜜油麪棗果薪燭之類多以千百計　手敕褒諭稱其精忠大勳朕言不能盡官不能酬

及吏禮二部議上加上柱國太傅支伯爵俸仍
加歲米二百石予一子尚寶司丞給四代誥命
下　璽書褒美錫晏禮部疏辭上柱國及伯爵
俸而巳　明興文臣無眞拜三公者謂居正當
力辭至是皆驚怪以爲且必封公侯加九錫而
居正亦益汰毋論六卿其視四維等若不屑與
稱寮采者四維等事之益謹而居正則亦巳病
矣病得之多御內而不給則餌房中藥發强陽
而燥則又飮寒劑泄之其下成痔而脾弱不能

進食使醫治痔小效尋下墜結而不能暢不獲
巳復用寒劑泄之遂不禁去若脂膏者而大腸
亦遂出日以羸削　上時下諭問疾大出金帛
以爲醫藥資凡四閱月竟不愈而自六卿大臣
翰林言路部曹下至官吏冗散無不設醮祠廟
爲居正祈禱者吏部尚書而下舍職業而朝夕
奔走仲夏曝身赤日中延至南都山陝楚汴淮
漕撫按藩臬亡不醮矣居正深居不出欲使知
之則合賂其家人以達取一啓齒而巳　上始

令四維參理閣中細務而大事猶仰家令居正
平章居正始自力而其後憊甚不能遍閱然尚
不使四維參焉之遼東復以大捷聞居正遂進
太師歲加祿二百石子爲指揮僉事者同知
而四維亦加少傅太子太師建極殿大學士時
行加太子太保居正益欲不可爲乃疏乞歸
上復加優詔慰留稱之爲太師張太嶽先生
居正度不起而　上亦使入問可以入閣者居
正首薦禮部尚書潘晟次則尚書梁夢龍侍

郎余有丁許國陳經邦而復薦尚書徐學謨曾
省吾張學顏侍郎王篆等皆可大用而指王錫
爵等爲奸邪　上爲黏之御屏先是居正病大
臣爲設醮閣中典籍以請時行執不可已居正
病劇大臣復有醮者時行笑曰此再醮矣居正
聞之恚至是薦晟位時行上然晟雖居正故識
不甚重之而馮保晟故所授書者也強居正使
薦之許居正已昏甚不能有所主矣居正得其
予從歲每三五日入閣安頓久而已不交一言

而以貌羸甚惡人見之臥帷中至明不聞聲家人怪而發焉則氣絶矣訃聞 上愴悼輟朝賜齋壇麻布五百疋米二百石 兩宮麻布二百疋米二百石又與潞王合賻白金二千三百兩香及油爲斤者燭爲對者以千計薪爲斤者以數萬計祭九壇復增七壇大約視國公之兼師傳者贈上柱國謚文忠遣營葬仍命京堂之四品者錦衣之在堂上者護喪歸其子編修嗣修等疏辭謝 上報諭朕念先生受 先帝顧命

鞠躬盡瘁歿而後已忠勞可憫遣司禮中貴人陳政護喪歸俱令馳驛居正之喪輿輜重凡七十餘艘用夫三千餘人前後十餘里不絶于是四維始爲政而事漸變矣馮保亟爲 上言起潘晟爲武英殿大學士使行人卽家召之馳驛來京晟鄙而貪士論所不齒一旦脫廢籍大用亡不姍且笑之者而益以追恨居正四維度時行不欲爲晟下于是合而風給事御史數上章攻之四維雖以馮保故擬 旨留晟然而無褒

美第三云答改輔臣所薦下而已以示輕晟意馮保
不復也而御史薦吳中行等諸臣當召用馮保
給事而默之而給事御史有誠居正時政者居正
之客諸大臣猶持不肯行馮保以病在告少時
給事御史復乘間論劾晟晟上疏辭四維擬
旨放之歸時晟已至臨安道中委頓適為馮保
病矣遂曰我小病也而遠無我居正之黨王篆
曾省吾朱璉微知之且謂四維之且甘心于居
正而遂我曹因委身自暱于保而是時余有丁
亦得入為文淵閣大學士矣　皇太子生　上
喜甚因上　兩宮徽號　詔赦天下四維進
少師中極殿大學士時行進少保吏部尚書武
英殿大學士而有丁遷加太子太保遂無以杜
中官口而馮保至錄一姪都督僉事實茲以
下為錦衣指揮使同知僉事有差保之姪欲封
伯爵而門雜以無政事難之保語曰爾由誰得
今日耶而顧我于是纂省吾行數萬金為保壽
益懽接無間得從容言四維短相約逐王國光

則省吾代爲吏部逐陳炌則篆代爲都察院四維故炌所造士也而省吾以陵工輒進太子太保御史某者篆所厚也遂上書極論王國光而中謂國光媢四維拔其中表弟王謙爲吏部主事遂罷國光而于工部覆謙交代疏以 御批責其鑽刺而謫之于是言者紛然起攻四維窘甚求徐爵張大受爲保道地皆有賄時時行得寒疾踰月不能起居正之黨之不便四維時行者則設事搆隙欲因而兩敗之而兩相幾水火

卒而王篆猶挾馮保以詞疑恐喝士大夫尚畏之其銜恩者趨之若流水有兩子一試其鄉一試于南都試南都者九卿給事御史出郊迎巡按以下爲之飭傳舍具郵供提學至檄屬邑之儁同經者與處而監試御史當試時委曲使之同號竟日至暮美酒粱肉水陸之珍絡繹餽餉御史至自具草使同號者酌量之且代爲書唯坐飲噉耳竟得中前列而其鄉之試者亦與選人情益憤憤而言官乃列上其事并論劾居正

三子躐取上第悉削籍爲編氓時給事御史新進者益務攻居正爲奇併及其黨而御史楊四知語尤峻于是居正始奪上柱國太師兼太子太師再奪諡而王篆曾省吾朱璉陳瑞輩毋不斥削朝班幾爲一空而吳中行趙用賢等皆召還官有差劉臺贈光祿少卿還其產御史魏允貞建言疏頗譏切時政而謂二相私其子坐貶而其後驟遷允貞至吏部郎四維知海內之怨居正深一切務爲寬大以收人心而法度漸廢弛至大計貪酷不謹罷削者亦得復官及章服而　祖宗之法紀且盡矣無何四維以父喪歸四維家素富積金至百餘萬而尤納賄不已度不可如居正例奪情乃大行金于　上左右張鯨張誠諸用事使爲間時行　上頗心動久而察知其無他得稍自安而御史羊可立者亦四維客也乃復追論居正罪惡而謂居正以私構成遼庶人憲㸅獄遼庶人之妃因而上疏辨冤且曰庶人之庫金寶萬計悉入居正府矣　上

[illegible]

喜以可立籍居正乃命司禮中貴張誠及刑部右侍郎丘橓偕錦衣指揮給事中往籍其家併勘故構王憲㸅事王憲㸅者其父莊王薨以幼未立而居正之祖父爲護衛卒太妃聞居正少警穎且與王同歲召而奇之賜之食而坐王憲㸅其下且謂而不才終當爲張生穿鼻王憲㸅以是慚居正而會居正登第召其祖虐之酒至死居正心銜王然王淫酗暴橫其國遠近皆苦之彈劾屢上後遂至削國以幽死當削國時居

正雖在閣然不甚當事所謂金寶者讐語也張誠等行則居正諸子頗侵夜焚毀其奇貨禁物而荆州守令以御史意先期錄其人口出其子女遁避空室者不及發已錮其門則餓死者十餘曹皆爲犬所殘食而盡發其諸子兄弟藏得黄金將萬兩白金十餘萬兩其長子敬修不勝刑自誣伏寄三十萬金于曾省吾王篆傅作舟等然盡其產不能十之三而懋修自縊死家人亦有從死者事　聞時行等與六卿大臣合疏

請小緩之于是　詔留田千畝以贍其母而省
吾等追究亦小小緩矣時御史丁此呂復追論科
場事謂高啟愚之以舜禹命題爲媚居正策禪
受且旁及諸黨人吏部尚書楊巍等駁此呂爲
曖昧中人以大辟若　先朝之趙文華王聯等
旨下雖出此呂于外而奪啟愚職焚其告身
給事中王士性等窺　上旨所向遂極論楊巍
且謂時行實黨居正而主之朝論洶洶其後言
者復攻居正不已以媚　上于是復　敕法司

盡削居正官籍奪其所賜　璽書四代誥命以
罪狀示天下謂當剖棺戮屍而姑免之其弟都
指揮居易子編修嗣修俱發戍煙瘴地李植江東
之羊可立以能發大奸遷京秩有差而時行等
用　皇長子誕推恩時行加少傅太子太傅吏
部尚書建極殿大學士余有丁加少保戶部尚
書武英殿大學士許國亦加太子太保文淵閣
大學士明年雲南上莽酋捷時行復加少師太
子太師中極殿大學士有丁加少傅太子太傅

建極殿大學士許國加少保太子太保武英殿
大學士時四維已服除朝士咸指目四維且復
出未幾而卒時行爲政

野史氏曰廷和之始微以易進嫌而居位自稱
踰于前後數公則其才勝也正德之政蠹于左
右貂璫之衣若鶉結矣不有處者誰與彌縫嘉
靖之初收渙爲萃宗社磐石誰之力耶以道事
君不可則止冕與紀皆庶幾是二人者甫得政
而棄之若敝屣視宏何霄壤幾也宏之初節內

勁於權倖而外伸於奸璫不亦皦皦秋陽哉爲
德不修假辭國老以名爲調劑然再躓再起保
功名於猜世則亦長者效也一清有應變之畧
而無格心之本捭闔操舍此將道也而行之揆
智殫力竭得死幸矣孚敬因幾遘會一言拜相
彊直自遂人主爲屈斯功罪不亦等哉二李長
者而稍負苟春芳知止伯仲之間也言詭遇而
獲器不勝才上僭上下偪下東市之辱夫豈不
幸耶嵩沾沾小技以順爲正內固主寵而外籠

天下之利卽不有孽子寧毋敗也抑二臣者相傾若讐敵夔伯之地化爲秦楚徐高張申之所繇兆也階赤爲几几羔羊素絲嘉靖之際亦何下廷和哉惟其小用權術收采物情識者無不遺憾焉雖然若廷和階者俱救時相也拱剛愎强忮幸其早敗雖有小才烏足道哉居正申商之餘習也尚能以法刦持天下器滿而驕羣小激之虎負不可下魚爛不復顧寒暑移易日月虧蔽沒身之後名穢家滅善乎夫子之言雖有周公之才之美使驕且吝其餘不足觀也已

嘉靖以來內閣首輔傳卷之八終

圖書在版編目(CIP)數據

嘉靖以來內閣首輔傳 / (明) 王世貞撰. -- 鄭州 :
中州古籍出版社, 2016.11
ISBN 978-7-5348-6627-2

Ⅰ. ①嘉… Ⅱ. ①王… Ⅲ. ①政治人物–列傳–中國
–明代 Ⅳ. ①K827=48

中國版本圖書館 CIP 數據核字(2016)第 274734 號

嘉靖以來內閣首輔傳(一函四册)

據吉林省圖書館藏明萬曆刻本影印

撰　　者：王世貞
責任編輯：閔世勇
出版發行：中州古籍出版社
地　　址：鄭州市經五路六六號
電　　話：〇三七一—六五七八八六九三
印　　刷：運城市古籍印務有限公司
版　　次：二〇一六年十一月第一版第一次印刷
印　　數：一—五〇〇册
定　　價：九二〇元

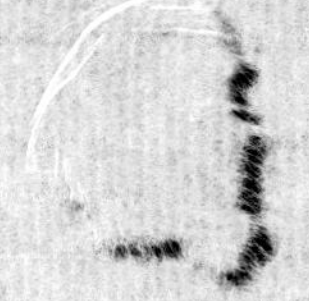

ISBN 978-7-5348-6627-2